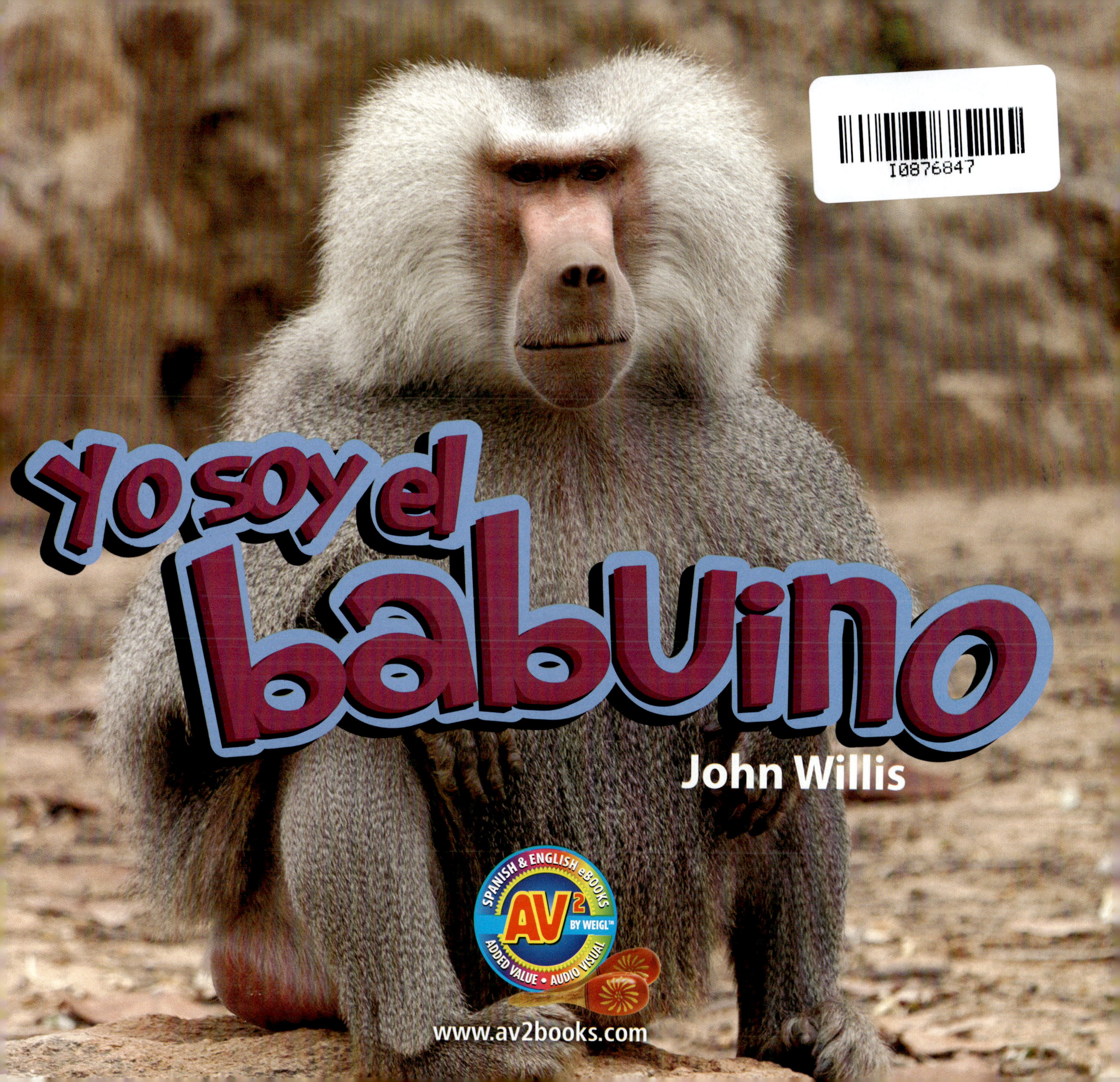

Yo soy el babuino

John Willis

SPANISH & ENGLISH eBOOKS
AV2 BY WEIGL
ADDED VALUE • AUDIO VISUAL
www.av2books.com

Visita nuestro sitio **www.av2books.com** e ingresa el código único del libro.
Go to www.av2books.com, and enter this book's unique code.

CÓDIGO DEL LIBRO
BOOK CODE

AVN85583

AV² de Weigl te ofrece enriquecidos libros electrónicos que favorecen el aprendizaje activo.
AV² by Weigl brings you media enhanced books that support active learning.

El enriquecido libro electrónico AV² te ofrece una experiencia bilingüe completa entre el inglés y el español para aprender el vocabulario de los dos idiomas.
This AV² media enhanced book gives you a fully bilingual experience between English and Spanish to learn the vocabulary of both languages.

Spanish

English

Navegación bilingüe AV²
AV² Bilingual Navigation

CERRAR
CLOSE

INICIO
HOME

CHANGE LANGUAGE
ENGLISH SPANISH
OPCIÓN DE IDIOMA
LANGUAGE TOGGLE

BACK NEXT
CAMBIAR LA PÁGINA
PAGE TURNING

VISTA PRELIMINAR
PAGE PREVIEW

Yo soy el babuino

En este libro, aprenderás

- **cómo soy**
- **dónde vivo**
- **qué como**

¡y mucho más!

Yo soy el babuino.

Soy uno de los monos más grandes de la Tierra.

Uso mis filosos
dientes para
proteger a mi familia.

Vivo con hasta 300 babuinos más.

Nos comunicamos con chillidos y rugidos.

Me siento seguro descansando en los árboles y acantilados.

Cuando soy bebé, mi mamá me lleva en su espalda.

Guardo la comida en mis mejillas hasta que tenga hambre.

Soy muy inteligente y curioso.

Yo soy el babuino.

DATOS SOBRE LOS BABUINOS

Estas páginas ofrecen información detallada sobre los interesantes datos de este libro. Están dirigidas a los adultos, como soporte, para que ayuden a los jóvenes lectores a redondear sus conocimientos sobre cada sorprendente animal presentado en la serie *Yo soy*.

Páginas 4–5

Yo soy el babuino. Los babuinos pertenecen a un grupo de primates conocidos como los monos del viejo mundo. Este grupo incluye a los mandriles, los macacos y los colobos. Los babuinos se distinguen por su nariz alargada y la proximidad de sus fosas nasales. Los monos del viejo mundo se encuentran en África y Asia.

Páginas 6–7

Soy uno de los monos más grandes de la Tierra. Hay cinco especies conocidas de babuinos y todas están en África. La especie más pequeña, el babuino sagrado egipcio, alcanza un peso máximo de 37 libras (17 kilogramos). La más grande, el babuino chacma, puede llegar a pesar 66 libras (30 kg). En todas las especies, los babuinos machos son mucho más grandes que las hembras.

Páginas 8–9

Uso mis filosos dientes para proteger a mi familia. Todas las especies de babuinos tienen un hocico alargado, similar al de los perros, y dientes filosos. Los babuinos chacma machos pueden tener colmillos de hasta 2 pulgadas (5 centímetros) de largo. Los machos usan sus colmillos para competir por las hembras y para defenderse de los depredadores, como los leopardos.

Páginas 10–11

Vivo con hasta 300 babuinos más. Un grupo de babuinos se llama tropa. En la mayoría de las especies de babuinos, la tropa está formada por varios machos y hembras. Las tropas de los babuinos sagrados egipcios están compuestas por grupos más pequeños, cada uno liderado por un macho adulto.

Páginas 12–13

Nos comunicamos con chillidos y rugidos. Los babuinos son animales con una gran interacción vocal y pueden usar más de 30 sonidos diferentes para comunicarse. Sus vocalizaciones incluyen gruñidos, ladridos, chillidos y rugidos. Los babuinos también hacen gestos y usan expresiones faciales para comunicarse. Desarrollan vínculos acicalándose entre sí.

Páginas 14–15

Me siento seguro descansando en los árboles y acantilados. La mayoría de las especies de babuinos pasan el día buscando alimento y socializando. Los babuinos son expertos trepadores. La mayoría duerme arriba de los árboles para protegerse de los depredadores. Los babuinos sagrados egipcios suelen dormir en el borde de los acantilados.

Páginas 16–17

Cuando soy bebé, mi mamá me lleva en su espalda. Los babuinos se reproducen todo el año. Las crías nacen unos 180 días después de que la madre queda preñada. Los babuinos suelen nacer con pelaje negro. El bebé babuino pasa casi todo su primer mes de vida colgado de la panza de su mamá. Cuando crece, el bebé babuino puede ir montado sobre el lomo de su madre.

Páginas 18–19

Guardo la comida en mis mejillas hasta que tenga hambre. Los babuinos suelen usar las bolsas de sus mejillas para guardar el alimento que les sobra. Todas las especies de babuinos son omnívoras, es decir, comen carne y plantas. Cazan peces, aves, roedores y gacelas pequeñas. Por lo general, las tropas se quedan cerca de una fuente de agua.

Páginas 20–21

Soy muy inteligente y curioso. Si bien ninguna de las especies de babuinos está en peligro de extinción, los babuinos corren el riesgo de perder su hábitat por la actividad humana. Algunas tropas han aprendido a sacar provecho de los asentamientos humanos y se meten en las granjas y casas para buscar comida. Por este motivo, en algunos países, los babuinos son considerados una plaga.

¡Visita www.av2books.com para disfrutar de tu libro interactivo de inglés y español!

Check out www.av2books.com for your interactive English and Spanish ebook!

1. **Entra en www.av2books.com**
   Go to www.av2books.com
2. **Ingresa tu código**
   Enter book code
   AVN85583
3. **¡Alimenta tu imaginación en línea!**
   Fuel your imagination online!

www.av2books.com

Published by AV² by Weigl
350 5th Avenue, 59th Floor New York, NY 10118
Website: www.av2books.com

Library of Congress Control Number: 2018964730

ISBN 978-1-7911-0162-6 (hardcover)
ISBN 978-1-7911-0163-3 (multi-user eBook)

Printed in the United States of America in Brainerd, Minnesota
1 2 3 4 5 6 7 8 9 0 22 21 20 19 18

122018
111918

Project Coordinator: Jared Siemens
Art Director: Terry Paulhus
Spanish Project Coordinator: Sara Cucini
Spanish/English Translator: Translation Services USA

Weigl acknowledges Getty Images, Shutterstock, and iStock as the primary image suppliers for this title.